AF392173

JULIETA

ExLibric

ESTER SENTÍS

JULIETA

EXLIBRIC

ANTEQUERA 2022

ESTER SENTÍS

JULIETA

Yo escribí en la pizarra
y en los pliegues de viejos abanicos
y en el río y en la arena del mar
con los patines sobre el hielo y con el anillo sobre el cristal.

Marina Tsvetaeva

Índice

A las espadas del silencio 13

El adiós 14

El corazón sabe 15

Vuelco de almas 16

El papel tintado 17

El temblor 18

El tiempo 19

El viejo viento 20

Irse poco a poco 21

Julieta 22

La campana 23

La compasión azul 24

La conexión 25

La estupidez 26

La loca que escribe 27

La nada 28

La roja libertad 29

La vergüenza 30

Lumina solis 31

Mantas de acero 32

Mira 33

Pasa 34

Precipicios 35

Respira 36

Sí 37

Telarañas 38

Todavía 39

Tu aliento 40

Tu dios 41

Vuelan raíces 42

A LAS ESPADAS DEL SILENCIO

Olvida.
Solo fue un soplo.
Pero tú eres más que los silencios,
eres montaña abrupta y poderosa,
eres el cañón de tu alma.

Olvida.
Tienes dos manos y tus ojos para mirar.
Vuela por encima de los que ignoran,
de los que tejen derrotas
entre el norte y sur de tus ojos.

Olvida.
Solo fue un soplo.
Hay dibujos, hay colores y estás tú.
Sigue coloreando, no decaigas,
y derriba las espadas silenciosas.
Pisa el gris con bellos colores,
el rostro firme.
Y libera las pobres almas,
con más dibujos,
con más palabras.

El adiós

No sabía que era especial.
Y mientras ansiaba serlo,
ignoraba tener las manos más bellas
para crear versos pintados.
Mientras contemplaba su ilusoria torpeza inventada,
surcaba comas y tildes entre vientos.
Todo fue así,
simple y corto, como su vida.
Su pelo rojo desapareció bajo las dunas
y dejó un último sinónimo dibujado en su desierto:
el adiós.

EL CORAZÓN SABE

El corazón sabe
que las verdades no son mentiras.

VUELCO DE ALMAS

Excéntrica vuelta y vuelco de almas.
Nunca sucederá de nuevo aquello
que impacta contra una roca y la vuelve cera.
Nunca.
Pero seguimos girando cada uno en su vuelo.
A veces, más lejos;
otras, incluso arañándonos el alma.
Nunca supe de tal rostro el color,
pero terminaba las frases que yo solía iniciar.
Ponía puntos suspensivos en el alma
y nunca el punto final.
Esa gravedad perdura en la vida.
Me peina con la voz y me recrea con los dedos.
Adiós no pronunciado.
Adiós nunca sentido.
Adiós.

EL PAPEL TINTADO

¿De qué me sirves, papel?
¿Y tú, tinta? Tinta de bolígrafo,
mina de lápiz, hebra de pincel. ¿De qué…?
Cuántos desasosiegos sin descanso,
luchas y batallas en mi piel.
¿De qué sirve una mente, la mía,
que cuenta ocurrencias y sentidos al silencio;
que no recibe respuestas, ni oratorias,
más que la fortuna de unas olas de atardecer?
¿De qué sirve un nombre, el que yo llevo,
sin «h», desgarrado,
sin vestiduras,
sin hiel?

EL TEMBLOR

Tiembla.
No hay apoyo con alas,
ni ternura con palabra.
Sola.
En la cola.
Como cuando era niña,
pisando baldosas.
Con el corazón cortado.
Tiembla.
Ese recuerdo,
esa costumbre.
Tiembla.

El tiempo

Cada día llega a casa,
pensando en el minuto más
o en el minuto menos,
enterrando hipótesis.
El tiempo tiene pequeños…
tiempos.
Un cuadro se seca.
Otro espera nacer.

El viejo viento

El viejo viento sopla en las entrañas.
Sales a su encuentro descalza,
arropas el verso ya conocido
y envuelves sus alas a tu espalda.
El viejo viento va lleno de verbos y condicionales,
va lleno de pasado.
El viejo viento araña tu piel.
Sus uñas son a veces suaves,
su paso es lento y fiel.
Pero tú cerraste la ventana,
aunque tras sus rendijas… siga él.

Irse poco a poco

No queda mucho tiempo.
Es asentido y consentido,
que no quedan demasiados momentos
para volver a deleitarse en la belleza
en que se detuvo un soplo,
en las frías tardes de febrero con olor a fresa,
en el banco solitario que arropó aquel atardecer,
que sigue helando y reviviendo cada día,
en ese expresivo esbozo de sonrisa.
Sin brisa.
Y sí…
Aunque abunden los años que nos visten,
siempre nos desnuda aquello que fue poco.
Muy poco.

JULIETA

Aquel día estaba todo anunciado:
furia, ira y dolor.
Quería que se quedara su alma en vilo.
Tiró del pelo de Julieta
y guardó un largo mechón,
sin poder ofrecer honor.
«Me voy», dijo tantas veces…
Pero siempre hay una cierta, la certera, ciertamente.
Con su melena al viento, con su esencia,
se fue
y tiró las llaves al mar.
Julieta tiró las llaves al mar,
pronunciando:
«Entrad…, entrad…».

LA CAMPANA

Háblame de la campana,
de su cristal.
No me atrevo a tocarla.
Cuéntame…
Resucita su esencia con tus labios,
su arcoíris.
Envenéname a sorbos
y deja que entorne mis ojos en su luz.

La compasión azul

Hoy he escrito.
Me he arrodillado en la tinta de mi pluma,
hacia el mundo,
sin avergonzarme.
La ternura no contiene vergüenzas,
ni orgullos tortuosos.
Hoy he escrito
y he reencontrado una música atada a muchas tardes.
He hablado de compasión.
Sin deshacer el nudo en mi garganta,
quizá pueda crear un hilo desnudo en todo.
Puede que un alma mire algún día hacia el suelo.
Allí sigue aquella tinta derramada
entre mi desnuda piel.
Azul.

LA CONEXIÓN

Si hay conexión de almas,
la tuya estará llena
de bandazos de la mía
por pintarla y besar su brillo.
Si la hay,
vendrás a pedirme que cese en el intento
diciendo que afirmas que sí, que te quedas.
Y no te irás sediento
de vuelos ni gaviotas.
Te sentarás de nuevo,
relajarás los ojos
y, sin saberlo,
dejarás de contar las horas tristes
que tejieron agonía en los ocasos
y alegría en los albores,
a veces tersos,
a veces negros.

La estupidez

Hoy no tengo nada que decir.
Igual que alguien pintó lienzos en blanco,
yo puedo teñir hojas de ignorancia.
Y quizá de ellas surja algo interesante para los «builders».
Hay tantas mentes vacías esperando la estupidez…

LA LOCA QUE ESCRIBE

En el tercero vive una loca que escribe
y desgrana los verbos en colores,
que se ata al cuello cera y trementina para vivir.
En el tercero vive ella y su silencio,
con buena música por compañera.
Su copa de vino, teñida por humos
de cigarrillos de menta, finos,
y los libros esparcidos por la alfombra como abrigo.
Plantas lilas y esmeralda.
Sus telas apiladas, sin firma ni fechadas,
de aromas grises empañadas.
En el tercero vive una loca que escribe.
La loca de ojos negros,
así la llaman.

La nada

Durante mucho tiempo, la **nada**,
vieja amiga.
Es fácil reconocerla en las manos.
Así me fui, con ellas vacías
y escalones por bajar.

LA ROJA LIBERTAD

Todo ha sucedido en la oscuridad.
Es increíble cómo de la nada crecen cumbres,
blancas, hermosas, bajo nubes poliédricas.
Allí naciste tú,
en una nube cubista, sobre los árboles.
Fuiste geométrico en todos los andares,
ofreciendo estrellas presentes y fugaces.
En la oscuridad había una piedra gris
que encarnaba un nombre
y apetecía rozar sus aristas y orillas,
que a veces fueron vida.
Queda ahora únicamente un cuadro,
la roja libertad,
la roja libertad.

LA VERGÜENZA

Después vino la vergüenza,
el querer huir de aquello
que oliera a cualquier palabra dicha.
Como un niño se esconde en su cabaña,
yo me escondí en mi vida.
No pude entender la capacidad
de sonreír en algunos momentos,
esa limpia osadía llena de inocencia y esperanza.
No hay gris en toda la tierra
que pueda tapar la vergüenza.
Nunca debió ser.
Soy oso de inviernos eternos,
y la nieve cubre hoy los campos,
por suerte para ellos.

LUMINA SOLIS

Darse cuenta tarde quizá no sea fraude.
Siempre existe aquel pequeño momento
para retomar o degustar lo nunca visto.
Dicen que cada día es el comienzo,
o que cada atardecer se puede oler,
que los días perdidos no crecen;
simplemente, su alba nace distinta, diferente.
Pero es siempre, incipiente,
lumina solis
bajo un mismo sol.

Mantas de acero

Sobre sus pies deben alzarse unos bloques
y sus brazos deben atar manos.
Los ojos ven menos o más en sus tornasolados colores.
Fija el cerebro en azul y el reposo en grises.
Lleva en su nombre un broche corto.
Y de noche,
tapa su alma con mantas de acero.

MIRA

Todo no pasa por casualidad,
mientras pasa la nada.
Todo parece estar escondido en las entrañas
y adorado para que aflore.
Todo.
Aquello que todos esperan en ese final
que acontece tras cada segundo tortuoso.
Y mientras, uno debe aceptar
que vive en su choza, que no es palacio.
Únicamente así, la vida deja de tener
precipicios y barrancos grotescos.
Y así, no hay anhelos ni desdichas.
Son tus propias piedras
las que construyen la verdad.
Siéntate ahora conmigo,
y mira.

PASA

Suele pasar que se impone el barro a la luz.
Pasan los años, y su pose y andares se adormecen.
La ves, a ella, perezosa en su camino, mirando suelos,
y piensas que el surco de la vida cumple su fin.
En cambio, su tez ha soñado cada día y ha esperado.
Todo.
En sus ojos queda el paseo por los limbos.
Benditos.
Azulados.
Sus puños pelean por retroceder
a esos pocos huecos donde fue feliz.
Y pasa.
Pasa que mientras tú la ves morir, ella todavía camina.

Precipicios

Cañones que anuncian muerte.
Disfrazados van, de alma,
atacando pequeñas manos.
Al borde del precipicio todo se ve fácil.
Depende…
¿Saltamos?
O, quizá, te espere abajo.

RESPIRA

Yacen nuestras ánimas bordadas de momentos,
arropadas por instantes color púrpura,
pequeños, diminutos, seguidos,
atadas a ese mañana que, acto seguido, es hoy.
Es ahora que leo tus labios, y ya no es,
porque vuelas con el aire.
Libre.
En el final de mi frase, te alojo en el buzón del pasado.
Respira, mi amor, respira…
Pronto no recordarás cómo aprendiste.

SÍ

Y tú quieres que tú y yo bailemos juntos por ahí.
Sí.
Por el cielo infinito e interminable.
Es allí donde nos concierne.
Ese espacio etéreo entre ceja y ceja,
y una mezcla obtusa de colores del iris.
Sí.
Por la borda de la vida.
Por el interminable mediodía de cada día.
Por esos pocos tiempos que nos ahorcan
y hacen grisáceo el parque desde este alfeizar.
Yo quiero que tú y yo bailemos juntos por ahí,
aunque sea nuestro último tango,
aunque sea en diferido.
Quizá sea el lugar más estable y rudo
en el que jamás nadie se ha perdido.

TELARAÑAS

De diez a doce de la noche
hubo un derrumbe de castillos.
De aceite.
De los que no existen,
de los pegajosos,
de los que resbalan.
Esa noche fue inacabada, dura,
de terrazo desdibujado y sucio.
Murió la paz, y el cobalto pintó al negro.
A cambio de esta guerra, no hubo rosas.
Después, cerca del alba,
todo fue un sedante, con rumbo.
Y amanecí de nuevo, enredada,
siempre mimética,
entre espinas.
Telarañas.

TODAVÍA

Ya recé en todas las capillas.
Me detuve a oler inciensos rotos,
recoletos del pasado.
Ya oré, pedí, rogué y me senté a esperar.
Entrando en la iglesia, de frente, a mano derecha,
hay una sombra sentada en un banco
cuyas manos yacen pequeñas y blancas.
Y lleva mi nombre,
todavía.

TU ALIENTO

Te arrodillaste y, sin saberlo,
me ofreciste el mundo.
Yo sigo en el suelo,
buscando las manos que lo sujetaban,
las tuyas.
Desde ese momento el asfalto me respira,
y vivo rastreando el aliento
que logró pronunciar mi nombre,
el tuyo.

TU DIOS

Tu dios no me concedió tregua.
Aquel dios del que me hablabas,
en nombre de la fe.
A mí, tu dios no quiso darme tregua,
ni dejó que pudiera leerte más.
Tampoco me arrulló con tu voz,
ni trazó los pasos para acercar nuestros zapatos.
Tu dios no dispuso de una mesa para sentarnos.
Yo hubiera llevado café.
No hubo tregua.
Tu dios no permitió un acto tan simple.
Tu dios pasó por mi lado,
tendiéndote a ti la mano, rozando.
Luego se fue.

Vuelan raíces

En un andar se desprende el odio.
Lo aprendido se lanza al aire.
Y «empezar» es un verbo rodeado de hojas,
amigas del adiós.